オーブントースターで
こんがりフレンチ

森田幸二

Mets à la française
rissolés au four grille-pain

青春出版社

この本の約束ごと

✳︎ 材料はすべて2人分。

✳︎ 1カップは200cc、大さじ1は15cc、小さじ1は5cc。

✳︎ オーブントースターの「強火」は1000〜1300W、「中火」は600〜750W、「弱火」は240〜300W。
オーブントースターは機種によって強火・中火・弱火のワット数が若干異なりますので、上記のワット数を目安にしてください。本書のレシピは、強火1300W、中火650W、弱火300Wで作っています。

✳︎ レシピの焼き時間を目安に、様子を見ながら加減する。
オーブントースターの焼き時間は機種によって変わってきます。早めに庫内をのぞいて調整してください。

✳︎ 「天板」は、オーブントースターに付属の受け皿・トレイ（機種により名称は様々）のこと。

✳︎ 特に記載がない限り、バジル、タイム、ローリエ、ミックスハーブは乾燥ハーブを使用。

✳︎ バターは無塩バターを使用。
有塩バターを使う場合は、塩の分量で調節してください。

✳︎ ご使用のオーブントースターの取扱説明書にしたがうこと。
基本的な使い方や注意点は、各機種の説明書の指示にしたがってください。

オーブントースター＋フレンチシェフ
＝日々のフレンチごはん

　トーストやピザを焼くくらいで、意外に活躍の場が少ないオーブントースターですが、フレンチシェフの手にかかれば魔法の道具に変身します。
　こんがり料理はもちろん、軽い煮込みや蒸し料理だって作れてしまうのです。しかも、オーブンを使って作ることが多いフランスの家庭料理を、トースターを使って作れるように、フレンチシェフならではのアイデアでシンプルにアレンジ。その出来栄えは、トースターで作ったとは思えないものばかり。レストランで出てくるようなデザートだって作れてしまいます。
　グリルのように後始末が面倒でなく、予熱が必要なオーブンのように大ごとにならないオーブントースターだから、日々のごはんに気軽にフレンチが楽しめます。

オーブントースターで
こんがりフレンチ
もくじ

こんがりグラタン

- 6 かぼちゃとペンネのグラタン
- 8 アボカドのグラタン、アーモンド風味
- 9 さといもの小さなグラタン
- 10 牛ばら肉とアスパラのデミグラタン
- 11 なすとトマトのグラタン
- 12 じゃがいもとたらのグラタン

肉のおかず

- 14 ローストビーフ
- 16 ミートローフ
- 17 トマトのファルシ
- 18 牛肉ときのこの蒸し焼き、レモンバターソース
- 19 牛肉のピカタ
- 20 豚ばら肉のオリーブパン粉焼き
- 22 豚肉のみそバターパン粉焼き
- 24 ポークソーセージシガレット
- 25 はちみつポークの包み焼き
- 26 鶏肉のハーブマヨネーズ焼き
- 27 豆腐のハーブマヨネーズ焼き
- 28 レモンハーブのローストチキン
- 29 鶏むね肉の黒ビールマリネ焼き
- 30 ラム肉のにんにくハーブ焼き

魚のおかず

- 32 まぐろのごま衣焼き
- 34 すずきとポテトのカリカリ焼き
- 36 すずきと夏野菜のトースター焼き
- 38 真だいとあさりの蒸し焼き
- 39 たらの海藻蒸し焼き
- 40 さけの白ワイン蒸し
- 41 たことじゃがいものトマト煮
- 42 かじきまぐろのエスカルゴバター焼き
- 44 あなごとポテトのルーラード、わさびバターソース
- 46 たこのカルパッチョ、海苔ソース
- 47 たことトマトのガーリック焼き
- 48 ひいかのバターライスファルシ
- 50 ほたてのえびパン粉焼き
- 51 ほたてとしいたけのガーリックバター焼き

野菜のおかず

Accompagnements de légume

52	焼きラタトゥイユ
54	ズッキーニのファルシ
55	ベークドトマトとカリカリベーコンのサラダ
56	ブロッコリーのコーンクリームソース焼き
57	玉ねぎのポン酢バターソース
58	きのこのエスカベッシュ
58	コーンガレット
60	焼きなすディップ
61	ドライトマト

ワインのおつまみ

Amuse-gueules pour les vins

62	ホットチーズのナッツ焼き
64	プチトマトのブルーチーズ焼き
65	ロールビーフのプチトマト
66	えびの温製カナッペ
66	オイルサーディンの温製ポテトカナッペ
67	いわしの温製カナッペ
68	えびのバターパン粉焼き
70	プラムのベーコン巻き
71	ごぼうのカリカリ焼き

休日のブランチ

Brunchs de jour férié

72	キッシュ
74	かぼちゃのショソン
76	ミートパイ
78	クロワッサン
79	ソーセージパイ
80	フレンチトースト
82	焼きリゾット
84	ビーフオニオングラタンスープ

フレンチデザート

Desserts français

86	りんごのテリーヌ、モザイク仕立て
88	レモンチーズケーキ
90	アイスクリームといちごのグラタン
91	フルーツグラタン
92	焼きプリン
93	焼きバナナ
94	ホットチョコクッキー
95	ラング・ド・シャ

Mets à la française rissolés
au four grille-pain

オーブントースターで
こんがりグラタン

オーブントースターがもっとも得意なグラタン料理です。こんなに手軽にグラタンが作れるなんて、食卓に登場する機会が増えそうですね。

かぼちゃとペンネのグラタン

かぼちゃの自然な甘みに、
ほのかなしょうがの香り。
体が喜ぶヘルシーなグラタンです。
寒い日に食べれば、体がぽかぽか温まります。

材料
ペンネ　80ｇ
かぼちゃ　1/8コ
卵黄　1コ分
牛乳　大さじ1
生クリーム　大さじ1
はちみつ　小さじ1/2
しょうがのすりおろし　小さじ1/4
塩、こしょう　各少々
バター　適量
とけるチーズ　2枚

作り方
1. ペンネは塩を入れたたっぷりの熱湯でゆでる。
2. かぼちゃは電子レンジで柔らかくなるまで加熱し、フォークの背などでつぶしてペースト状にする。
3. 2に卵黄、牛乳、生クリーム、はちみつ、しょうがのすりおろし、塩、こしょうを加え、よく混ぜる。
4. 3に1のペンネを加えて混ぜ合わせる。
5. バターをぬったグラタン皿か耐熱容器に4を入れて表面を平らにならし、とけるチーズをのせてオーブントースターの強火でこんがりするまで7〜8分焼く。

Gratin de potiron et penne

アボカドのグラタン、アーモンド風味

Gratin d'avocat à la saveur amande

ねっとりしたアボカドに酸味をきかせたソースがぴったり。
アーモンドの香ばしさが、いいアクセントです。

材料
アボカド　1コ
レモン汁　小さじ1
マヨネーズ　大さじ1/2
ケチャップ　大さじ1/4
ブランデー（あれば）　小さじ1/2
アーモンドスライス　大さじ1

作り方
1. アーモンドスライスはアルミホイルに広げ、オーブントースターの中火で、色づく程度まで3分ほど素焼きする。
2. アボカドは縦半分に切って種を取り、皮の中で果肉を適当な大きさにスプーンでくり抜き、レモン汁小さじ1/2を合わせる。
3. マヨネーズ、ケチャップ、レモン汁小さじ1/2、ブランデーを混ぜ合わせ、2のアボカドにかける。
4. 3をアルミホイルを敷いた天板か耐熱容器にのせて、オーブントースターの強火で3〜4分焼き、1のアーモンドスライスをふりかける。

さといもの小さなグラタン

Petit gratin de taro

片手でパクッと食べられる、ひとくちサイズ。
さといもの代わりに小ぶりな新じゃがでも。
粉チーズに細かくくだいた干しえびを混ぜてもおいしいです。

材料
さといも　3コ
塩、こしょう　各少々
粉チーズ　大さじ2

作り方
1. さといもは皮つきのまま電子レンジで加熱し、柔らかくなったら横半分に切る。
2. 耐熱容器に1のさといもを切り口を上にして並べ、塩、こしょう、粉チーズ大さじ1をふりかける。容器のあまったスペースに粉チーズ大さじ1をひき詰める。
3. 2をオーブントースターの中火でチーズがこんがりするまで5分ほど焼く。
4. さといもを盛りつけ、ひき詰めたチーズが焼けてせんべい状になるので、適当にくだいてさといもに飾る。

牛ばら肉と
アスパラの
デミグラタン

アスパラの代わりに、塩ゆでしたブロッコリーやカリフラワー、じゃがいも、れんこんでも作れます。残ったデミグラスソースは、ラップにシート状にのばして冷凍保存しておけば、使う分だけパキッと折って使えるので便利です。

材料
アスパラガス　8本
バター　適量
塩、こしょう　各少々
牛ばら薄切り肉　100g
デミグラスソース(市販)　大さじ2
アンチョビペースト　小さじ1
赤ワイン　大さじ2
パン粉　大さじ1
オリーブ油　大さじ1/2

作り方
1. アスパラガスは下の方の皮をピーラーでむき、バターをぬった耐熱容器に並べて塩こしょうし、牛ばら薄切り肉をかぶせる。
2. デミグラスソースにアンチョビペーストと赤ワインを混ぜ合わせ、1の牛ばら肉の表面に薄くぬる。
3. 2にパン粉、オリーブ油を順にふりかけ、オーブントースターの中火で10〜12分ほど焼く。

Demi-gratin de bœuf et asperges

なすとトマトのグラタン

Gratin d'aubergine et tomate

野菜だけで作るピザのようなグラタンです。
トーストしたパンにのせて食べてもいいですし、
つけ合わせとしてメイン料理に添えても喜ばれます。

材料
なす　1本
赤・黄プチトマト　各3コ
とけるチーズ（ちぎる）　2枚
アンチョビペースト　小さじ1/2
ミックスハーブ　小さじ1
塩、こしょう　各少々
オリーブ油　大さじ1 1/3
にんにくのみじん切り　小さじ1/2
パセリのみじん切り　適量

作り方
1. なすは縦に5mm厚さに切り、アルミホイルなどに重ならないように並べて、にんにくのみじん切り、塩、こしょう、オリーブ油大さじ1をふりかけ、オーブントースターの中火で8分ほど焼く。
2. 赤と黄のプチトマトは4等分に切る。ボウルにプチトマト、とけるチーズ、アンチョビペースト、ミックスハーブ、塩、こしょう、オリーブ油大さじ1/3を入れて混ぜ合わせる。
3. 耐熱容器に1のなすを重ねて並べ、その上に2を広げ入れる。オーブントースターの強火で7〜8分焼き、パセリをふりかける。

Gratin de pomme et morue

じゃがいもとたらのグラタン

たらとじゃがいもで作る南仏の郷土料理「ブランダード」を、グラタン仕立てにしました。甘塩のたらでも作れますが、そのときは使う塩の量を加減してください。

材料
じゃがいも　1コ
生たら　2切れ
白ワイン　大さじ2
卵黄　1コ分
生クリーム　1/4カップ
とけるチーズ（ちぎる）　1枚
ナツメグ　小さじ1/3
塩、こしょう　各少々
バター　適量

作り方
1. じゃがいもは皮をむき、電子レンジで柔らかくなるまで加熱し、5mm厚さの輪切りにする。
2. たらは耐熱容器に入れて塩こしょうし、白ワインをふりかけて電子レンジで3～4分、表面が白くなるまで加熱する。中は生でよい。皮を取り除き、大きくほぐす。
3. ボウルに卵黄、生クリーム、とけるチーズ、ナツメグ、塩、こしょうを混ぜ合わせる。
4. グラタン皿か耐熱容器の内側にバターをぬり、1のじゃがいもを並べ入れる。その上に2のたらをのせ、3を全体にかける。
5. オーブントースターの強火で、表面がこんがりするまで6～7分焼く。

Mets à la française rissolés
au four grille-pain

オーブントースターで
肉のおかず

ちょっと下ごしらえして、あとはオーブントースターにおまかせ。ボリュームがあって、見栄えもいい肉料理が、あっという間にできあがり。パンはもちろん、ごはんにも合うおかずです。

ローストビーフ

にんにくをすりおろして
肉全体にすり込んでもいいですし、
ミックスハーブをふりかけて焼いても。
焼けた肉はすぐに切ると肉汁が流れ出てしまうので、
しばらく休ませてからカットしてください。

材料
牛ももかたまり肉　200g
塩　小さじ1
こしょう　小さじ1/4
にんにく　1かけ
サラダ油　大さじ1

作り方
1. にんにくは矢じりのように2mm厚さの三角形に切る。牛肉は全体に塩こしょうをすり込み、包丁で切り込みをななめに数か所入れて、にんにくを差し込む。
2. 全体にサラダ油をぬり、アルミホイルを敷いた天板か耐熱容器にのせてオーブントースターの中火で20分ほど焼く。途中2～3回、肉から出た脂を肉にかけながら焼く。
3. オーブントースターから取り出し、肉を5分ほど休ませてから、薄く切り分ける。

Pain de viande

表面を覆ったピクルスが、肉に甘い酸味をプラスします。ピクルスはみじん切りにして肉ダネに混ぜ込んでも。ピスタチオやカシューナッツを入れてもいいですね。

ミートローフ

材料
牛ひき肉　250ｇ
玉ねぎ（小）　1コ
サラダ油　大さじ1
卵　1コ
にんにくのすりおろし　小さじ1/4
ナツメグ　小さじ1/4
塩、こしょう　各少々
タイム　小さじ1/2
ピクルス（大）　3コ
ローリエ　2枚

作り方
1. 玉ねぎはみじん切りにして、サラダ油をひいたフライパンでしんなりするまで炒め、粗熱をとる。
2. 牛ひき肉に1の玉ねぎ、卵、にんにくのすりおろし、ナツメグ、塩、こしょうを加え、粘りが出るまでよく練る。
3. 天板にアルミホイルを敷き、2の肉ダネを厚さ2cmになるように平らに広げる。上から軽く押して空気を抜き、表面にタイムをふりかけ、2mm厚さに切ったピクルスを全体に貼りつけ、ローリエをのせる。
4. アルミホイルで全体を覆い、オーブントースターの中火で20分ほど焼いて火を通す。
5. ローリエを取り除き、焼けたミートローフを2cm幅に切って盛りつける。

＊ミートローフでもう一品＊
トマトのファルシ

ミートローフの肉ダネを
トマトに詰めて。

材料
トマト（中）　2コ
塩、こしょう　各少々
ミートローフの肉ダネ　100ｇ
とけるチーズ　2枚

作り方
1. トマトは上部1/3を横にカットし、スプーンなどで中身をくり抜く。
2. 全体に塩こしょうし、くり抜いたところにミートローフの肉ダネを詰め、とけるチーズをのせる。
3. アルミホイルを敷いた天板か耐熱容器に2をのせ、オーブントースターの中火で20分ほど焼く。切り取った上部も一緒に焼いて盛りつける。

Bœuf rôti aux champignons avec la sauce beurre citron

牛肉ときのこの蒸し焼き、レモンバターソース

ホイルの包みを開くとフワッときのこのいい香り。
きのこは何を使ってもかまいませんが、
必ず3種類以上入れてください。
味わいがまるで違ってきます。

材料
牛ももかたまり肉　200g
A ┃ タイム　小さじ1/4
　┃ ローリエ　1/2枚
　┃ 赤ワイン　大さじ1
　┃ サラダ油　大さじ1
しめじ　1/4パック
しいたけ　2コ
マッシュルーム　2コ
塩、こしょう　各少々
バター　14g
レモン汁　大さじ1/2

作り方
1. 牛肉は5mm厚さのひと口大に切り、Aに1時間漬け込みマリネする。
2. しめじはほぐし、しいたけは6等分に、マッシュルームは4等分に切る。
3. アルミホイルを広げ、中央に水気をきった1の牛肉を並べて塩こしょうする。肉の上に2のきのこをのせて塩こしょうし、バターをちらしてレモン汁をかける。
4. アルミホイルをきっちり包み、オーブントースターの中火で10分ほど蒸し焼きにする。

牛肉のピカタ

「ピカタ」は、薄切りにした肉や魚に
溶き卵をつけて焼く料理です。
溶き卵にコーンを混ぜれば、お子様向きのピカタに。
オムレツ風にケチャップをかけてもいいですね。

材料
ステーキ用牛もも肉　2枚（200g）
塩、こしょう　各少々
溶き卵　1コ分
バター　適量
プチトマト　1コ

作り方
1. 牛肉はラップにはさみ、めん棒などで叩いて軽くのばす。
2. 1の牛肉を2cm幅に切り、バターをぬった耐熱容器に並べ入れる。塩こしょうし、溶き卵をまわしかける。
3. 輪切りにしたプチトマトをのせて、オーブントースターの中火で7分ほど焼く。

Caparaçon de porc grillé à la chapelure avec olives

豚ばら肉のオリーブパン粉焼き

豚肉の甘みのある脂と、酸味と塩気のオリーブがよく合います。
豚ばら肉は脂が多い部位ですが、
しっかりゆでて余分な脂を落としてから焼き上げるのでヘルシーです。

材料
豚ばらかたまり肉　200ｇ
A
　水　2カップ
　ねぎ（青いところ）　1本
　にんにく　1/2かけ
　しょうが　1/2かけ
　タイム　小さじ1/4
　ローリエ　1/2枚
　塩　小さじ1/2
フレンチマスタード　小さじ2
アンチョビペースト　小さじ1/2
ブラックオリーブ　10コ
パン粉　大さじ1
塩、こしょう　各少々

作り方
1. 鍋に豚ばら肉とＡを入れて強火にかけ、沸騰したらアクをとって弱火にし、20～30分ゆでて鍋から取り出す（時間が許せば1時間ゆでる）。
2. フレンチマスタードとアンチョビペーストは混ぜ合わせる。
3. ブラックオリーブはみじん切りにする。
4. 豚肉の粗熱がとれたら塩こしょうし、表面に2をぬり、3のオリーブとパン粉をふりかける。
5. アルミホイルを敷いた天板か耐熱容器に4をのせ、オーブントースターの中火で10分ほど、パン粉がこんがりするまで焼く。

Porc grillé à la chapelure et au beurre miso

豚肉のみそバターパン粉焼き

とんかつ風ですが、揚げずに焼くのでカロリーが気になる人にも安心です。
みそバターは、ほかにもいろいろ使い道が。
鶏肉やたらにぬって焼くだけで、立派なおかずが完成します。

材料
豚ひれ肉　200ｇ
みそ　小さじ2
バター　14ｇ
ドライパン粉（細目）　大さじ1/2
パセリのみじん切り　小さじ1
にんにくのみじん切り　小さじ1/2
アンチョビペースト　小さじ1/3
塩、こしょう　各少々
サラダ油　大さじ1
ほうれん草のおひたし　適宜

作り方
1. ボウルにみそと室温に戻したバターを合わせ、練り混ぜる。
2. 別のボウルにドライパン粉、水気を絞ったパセリのみじん切り、にんにくのみじん切り、アンチョビペーストを合わせ、もむようにしてよく混ぜる。
3. 豚ひれ肉は1cm厚さに切ってラップにはさみ、厚みが3mmほどになるまで手で押しのばす。
4. 豚ひれ肉の両面に塩こしょうしてサラダ油をまぶし、アルミホイルを敷いた天板か耐熱容器にのせてオーブントースターの強火で1分弱焼く。中は生でよい。
5. 粗熱をとって片面に1のみそバターをぬり、2のパン粉を貼りつけ、みそバターをトッピングする。オーブントースターの強火で3〜4分、パン粉がこんがりするまで焼く。
6. 皿に盛りつけ、ほうれん草のおひたしを添える。

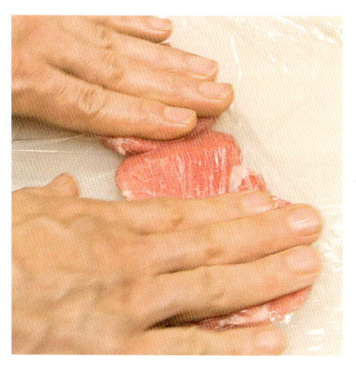

ポークソーセージ シガレット

ひき肉にセージのみじん切りを加えれば、さらに本格的。ドライハーブでもかまいません。
焼くときは、必ず1㎝の間隔をあけて並べます。こうしないと、火が入りづらく、焼き色もつきづらいのです。

材料
豚ひき肉　250ｇ
卵　1コ
にんにくのすりおろし　小さじ1/4
タイム　ひとつまみ
ローズマリー　小さじ1/4
塩　小さじ1/2
黒こしょう　小さじ1/4
春巻きの皮（小）　6枚
サラダ油　大さじ1 1/2

作り方
1. 豚ひき肉に卵、にんにくのすりおろし、タイム、ローズマリー、塩、くだいた黒こしょうを合わせてよく練る。
2. 春巻きの皮は角が上下左右にくるように置く。真ん中より少し手前に1を棒状に置いて角から巻き、両端を折りたたむ。
3. 2をアルミホイルを敷いた天板か耐熱容器に間隔を1㎝あけて並べ、表面にサラダ油をぬり、オーブントースターの中火で10分ほど焼く。

Saucisses de porc à la cigarette

はちみつポークの包み焼き

はちみつとビネガーの組み合わせがポイント。甘酸っぱさを豚肉に与え、上品な味に仕上がります。

材料
豚ばら薄切り肉　8枚
はちみつ　大さじ1
白ワインビネガー　大さじ1 1/2
じゃがいも（中）　1コ
塩、こしょう　各少々
バター　7g
ローズマリー　小さじ1/4

作り方
1. はちみつと白ワインビネガーを混ぜ合わせ、豚肉を10分ほど漬け込む。
2. じゃがいもは皮をむき、電子レンジで加熱する。柔らかくなったらフォークの背などでつぶし、塩、こしょう、バター、ローズマリーを加えて混ぜる。4等分して丸く成形する。
3. ラップの上に1の豚肉2枚を水気をきって十字に重なるように広げ、塩こしょうし、中央に2のポテトボールをのせてラップごと丸く包む。これを4つ作る。
4. ラップをはずし、アルミホイルを敷いた天板か耐熱容器にのせて、オーブントースターの中火で5〜6分焼く。

Poulet grillé à la mayonnaise d'herbes

鶏肉のハーブマヨネーズ焼き

ハーブマヨネーズは、豚肉、ズッキーニ、トマトなど、
何にかけて焼いてもおいしく仕上がる万能ソースです。

材料
鶏もも肉　1枚
塩、こしょう　各少々
マヨネーズ　大さじ2
ミックスハーブ　小さじ1
しょうゆ　大さじ1
フレンチマスタード　小さじ1
パセリのみじん切り　小さじ1
ほうれん草　1/2束

作り方
1. 鶏もも肉は皮をはぎ、ひと口大に切って塩こしょうし、アルミホイルを敷いた天板にのせてオーブントースターの強火で2〜3分素焼きする。鶏皮はとっておく。
2. マヨネーズ、ミックスハーブ、しょうゆ、フレンチマスタード、パセリを混ぜ合わせる。
3. 耐熱容器に塩ゆでして水気を絞ったほうれん草を敷き、1の鶏肉を並べる。鶏肉の上表面に2のソースをぬって、オーブントースターの強火で5〜8分ほど焼く。
4. 鶏皮は半分に切り、3の鶏肉の隣でアルミホイルにのせて同時に焼く。カリカリになったら鶏肉に添える。

＊ハーブマヨネーズでもう一品＊
豆腐のハーブマヨネーズ焼き

豆腐が洋風のおかずに変身です。

材料
豆腐　1/2丁
マヨネーズ　大さじ2
ミックスハーブ　小さじ1/2
しょうゆ　大さじ1
フレンチマスタード　小さじ1
パセリのみじん切り　小さじ1

作り方
1. 豆腐はキッチンペーパーで包み、皿などの軽めの重石をのせて15分ほどおき、水きりする。
2. マヨネーズ、ミックスハーブ、しょうゆ、フレンチマスタード、パセリを混ぜ合わせる。
3. 1の豆腐を4等分に切り、上表面に2のソースをぬる。アルミホイルを敷いた天板か耐熱容器にのせて、オーブントースターの強火で5分ほど焼く。

Rôti de poulet aux herbes et au citron

ほんのり甘酸っぱいチキンです。骨なしのもも肉を使えば、さらに手軽に作れます。その場合、焼く時間は8〜10分くらいを目安にしてください。

レモンハーブのローストチキン

材料
骨つき鶏もも肉　2本
A ｜ 白ワイン　大さじ2
　　タイム　小さじ1/4
　｜ ローリエ　1/2枚
塩、こしょう　各少々
レモン汁　大さじ2
はちみつ　大さじ1/2
ミックスハーブ　小さじ1
レモンの輪切り　6枚

作り方
1. Aを合わせ、鶏もも肉を2時間以上漬け込み、マリネする。
2. 1の鶏肉の水気を拭き取り、塩こしょうする。レモン汁、はちみつ、ミックスハーブを合わせ、鶏肉全体にぬる。
3. 2の鶏肉をアルミホイルを敷いた天板か耐熱容器に皮目を上にしてのせ、まわりにレモンの輪切りを置く。
4. オーブントースターの中火で10〜12分ほど焼いて火を通す。途中1〜2回、下にたまった焼き汁を肉の表面にすくいかけながら焼く。
5. 鶏肉とレモンの輪切りを盛りつけ、焼き汁を肉にかける。

鶏むね肉の黒ビールマリネ焼き

マリネすることで、肉が柔らかく焼き上がります。
普通のビールでもいいのですが、
黒ビールのコクと風味がおいしさの決め手なので、
ぜひ黒ビールで作ってください。

材料
鶏むね肉　2枚
A ｜ 玉ねぎのすりおろし　大さじ2
　　しょうがのすりおろし　小さじ1/3
　　にんにくのすりおろし　小さじ1/3
　　タイム　ひとつまみ
　　ローリエ　1/2枚
　　唐辛子の輪切り　ひとつまみ
　　クローブ　2コ
　　オリーブ油　大さじ1
　｜ 黒ビール　1カップ
塩、こしょう　各少々
ズッキーニ　1/3本

作り方
1. ボウルにAを合わせ、鶏むね肉を2時間以上（理想は半日）漬け込み、マリネする。
2. 1の鶏肉の水気を拭き取り、塩こしょうして皮目を上にアルミホイルを敷いた天板か耐熱容器にのせ、オーブントースターの中火で10分ほど焼く。一緒にズッキーニの輪切りにオリーブ油（分量外）をふりかけて焼く。
3. 鶏肉を4等分に切って盛りつけ、ズッキーニを添える。

Agneau grillé aux herbes et à l'ail

ラム肉のにんにくハーブ焼き

ここでは乾燥ハーブを使いましたが、生のローズマリー、タイム、
チャービルなどをみじん切りにして使えば、ワンランク上のおいしさです。
ラム肉は白ワインに1時間ほど漬けてから料理すると、
特有のくさみが抑えられます。

材料
骨つきラム肉　6本
アンチョビペースト　小さじ1/2
こしょう　少々
ミックスハーブ　大さじ1
にんにくの薄切り　6枚
オリーブ油　大さじ2

作り方
1. ラム肉は片面にアンチョビペーストをぬり、こしょうとミックスハーブを押しつけ、にんにくの薄切りをのせる。
2. 1をアルミホイルを敷いた天板か耐熱容器にのせ、オリーブ油をふりかけてオーブントースターの中火で5分ほど焼く。

Mets à la française rissolés
au four grille-pain

オーブントースターで
魚のおかず

めんどうな魚料理だって、オーブントースターなら気軽に作れます。切り身魚や刺身用のサクを利用すれば、なおのこと。もちろん、後かたづけだって楽チンです。

まぐろの
ごま衣焼き

ごまの香りとレモンの酸味をまとったまぐろは、
刺身とはまた違ったおいしさです。
黒ごまに包丁で刻んだ黒こしょうを混ぜれば、
スパイシーなごま衣に。そのときはマスタードは使いません。

材料
まぐろ（赤身・サク）　70g
塩、こしょう　各少々
レモン汁　小さじ1
卵黄　1/2コ分
フレンチマスタード　小さじ1
黒ごま　大さじ4
オリーブ油　小さじ2
ケッパー　適量

作り方
1. まぐろは塩、こしょう、レモン汁をふる。卵黄とフレンチマスタードを混ぜ合わせ、まぐろ全体にぬる。
2. バットに黒ごまを広げ、1のまぐろを入れて表面に貼りつける。
3. 2をアルミホイルを敷いた天板か耐熱容器にのせ、両面にオリーブ油をふりかけ、オーブントースターの中火で3〜4分焼く。中はレアに仕上げる。
4. 1cm幅の棒状に切って盛りつけ、ケッパーをあしらう。

Thon grillé à la pâte de sésame

Bar et pommes grillées croustillantes

すずきとポテトのカリカリ焼き

パリッとしたじゃがいもと、フワッと焼けた白身のすずきが好相性。
この料理のポイントは、じゃがいもを水にさらさないこと。
でんぷん質が流れ出てしまい、貼りつきにくくなります。

材料
すずき（切り身）　2切れ
じゃがいも（中）　1/2コ
バター　10ｇ
塩、こしょう　各少々
オリーブ油　大さじ1/2
フレンチマスタード　小さじ1

作り方
1. じゃがいもは皮をむいて2mm厚さの薄切りにし、塩を加えた沸騰した湯でさっと湯通しする。バターは電子レンジで10秒ほど加熱してとかしバターを作り、じゃがいもにまぶす。
2. すずきは両面に塩こしょうしてオリーブ油をまぶし、アルミホイルを敷いた天板か耐熱容器にのせて、オーブントースターの強火で1～2分素焼きする。
3. 素焼きしたすずきの表面にフレンチマスタードを薄くぬり、1のじゃがいもを重ねて貼りつける。
4. 全体に塩こしょうし、オーブントースターの中火で6分焼き、強火にして2分焼いて魚に火を通す。

Bar et légumes d'été grillées au grille-pain

すずきと夏野菜のトースター焼き

この料理は、たいや三枚におろしたいわしで作ってもおいしいです。
白身魚の場合、焼き上げたところに、
オレンジやグレープフルーツの果肉をあしらえば、より夏らしいひと皿に。

材料
すずき（切り身）　2切れ
塩、こしょう　各少々
ミックスハーブ　小さじ1/2
レモン汁　小さじ1
赤パプリカ　1/8コ
黄パプリカ　1/8コ
ズッキーニ　1/4本
トマト　1/6コ
オリーブ油　大さじ1 1/2
バジル（フレッシュ）　適宜

作り方
1. すずきは3mm厚さのそぎ切りにし、耐熱容器に並べて塩、こしょう、ミックスハーブ、レモン汁をふりかける。
2. 赤・黄パプリカ、ズッキーニ、トマトは3mm角に切り、1のすずきの上にちらして塩こしょうし、オリーブ油をふりかける。
3. オーブントースターの中火で5〜7分焼き、バジルを飾る。

Daurade et palourdes étuvées et rôties

真だいとあさりの蒸し焼き

あさりが口を開いたらできあがり。たいにも火が通っているはずです。
10分蒸し焼きにしても開かなかったら、もう少し加熱し続けます。

材料
真だい（切り身）　2切れ
塩、こしょう　各少々
あさり（砂抜き済み）　16コ
タイム　少々
チキンブイヨンの素　1/3コ
水　1/2カップ
トマト（中）　1/4コ
クレソンの葉　3枝分
オリーブ油　小さじ2

作り方
1. たいは塩こしょうして耐熱容器にのせ、まわりにあさりとタイムをちりばめる。チキンブイヨンの素を水で溶いて全体にかける。
2. 角切りにしたトマトとクレソンの葉をちらし、オリーブ油をふりかける。
3. アルミホイルをかぶせてオーブントースターの中火で10分ほど蒸し焼きにする。

たらの海藻蒸し焼き

キャベツとわかめの水分だけで蒸し上げるので、
うまみを逃がさず、ふんわり焼き上がります。
ほんのり海藻の香りが食欲を刺激。白身の魚はもちろん、
かきやほたてにもおすすめの調理法です。

材料
たら（切り身）　2切れ
キャベツの葉（大）　1枚
わかめ（塩蔵）　30g
塩、こしょう　各少々
ポン酢しょうゆ　大さじ4
オリーブ油　大さじ2

作り方
1. 耐熱容器にキャベツを器のように置き、キャベツの中に塩抜きしたわかめを敷き詰める。
2. わかめの上にたらをのせ、塩こしょうしてポン酢しょうゆとオリーブ油をまわしかける。
3. 全体にアルミホイルをかぶせ、オーブントースターの中火で12分ほど蒸し焼きにする。

Saumon cuit à la vapeur du vin blanc

フランスの伝統的な地方料理を、
オーブントースターで作れるように
アレンジしました。
辛口の白ワインとの相性は抜群です。

さけの白ワイン蒸し

材料
- 生さけ（切り身）　2切れ
- 白ワイン（辛口）　大さじ2 2/3
- 水　大さじ2/3
- トマト　1/8コ
- マッシュルーム　1コ
- エシャロット　1本
- ローリエ　1/2枚
- タイム　ひとつまみ
- 生クリーム　1/4カップ
- バター　7g
- 塩、こしょう　各少々

作り方
1. トマトは角切り、マッシュルームとエシャロットは薄切りにする。
2. 生さけは水でさっと洗って耐熱容器に入れ、白ワインと水をふりかけ、1のトマト、マッシュルーム、エシャロット、ローリエ、タイムをちらす。
3. アルミホイルをかぶせてオーブントースターの中火で10〜15分ほどさけに火が通るまで焼く。さけを取り出して盛りつけ、アルミホイルをかぶせて保温しておく。
4. さけを焼いた容器に生クリームを注ぎ、オーブントースターの強火で2〜3分加熱し、バターと塩こしょうで味をととのえて3のさけにかける。

たことじゃがいものトマト煮

この料理も、フランスの漁師町に伝わる伝統料理。好みで電子レンジで加熱したブロッコリーやいんげんを加えても。

材料
- ゆでたこ　100g
- じゃがいも　1コ
- トマトの水煮　2コ
- アンチョビペースト　小さじ1/2
- しょうゆ　小さじ1/4
- オリーブ油　大さじ1
- タイム　ひとつまみ
- バジル（ちぎる）　2枚
- 塩、こしょう　各少々
- パセリのみじん切り　適量

作り方
1. たこはぶつ切りに。じゃがいもは5mm角に切り、塩こしょうして電子レンジで柔らかくなるまで加熱する。
2. ボウルにトマトの水煮を手でつぶして入れ、アンチョビペースト、しょうゆ、オリーブ油、タイム、バジル、塩、こしょうを合わせる。
3. 耐熱容器にたことじゃがいもを入れ、2を上からかける。アルミホイルをかぶせてオーブントースターの中火で15〜20分蒸し焼きにする。パセリをちらす。

Marlin grillé au beurre bourguignon

かじきまぐろのエスカルゴバター焼き

エスカルゴバターは豚肉にのせて焼いてもいいですし、
ステーキに添えればレストランの味に変身します。
作りおきしておけば、メニューに困ったときに重宝します。

材料
かじきまぐろ（切り身）　2枚
塩、こしょう　各少々
〈エスカルゴバター〉
バター（室温に戻す）　35g
バジルのみじん切り　小さじ1/3
パセリのみじん切り　小さじ1/2
にんにくのみじん切り　小さじ1/2
アンチョビペースト　小さじ1/3
カレー粉　小さじ1/4
塩　ひとつまみ

作り方
1. ボウルにエスカルゴバターの材料を合わせ、よく混ぜる。広げたラップに移して棒状に成形し、包んで冷蔵庫で冷やしかためる。
2. かじきまぐろはアルミホイルを敷いた天板か耐熱容器にのせ、塩こしょうする。1のエスカルゴバターを5mm厚さの輪切りにし、かじきまぐろに2枚ずつのせ、オーブントースターの強火で4分ほど焼く。

エスカルゴバターは、冷凍保存しておくと便利。包丁で切れるようになるまで室温において、使いたい分だけ切って使います。

*Roulade de congre
et pommes à la sauce
beurre piquante*

あなごとポテトのルーラード、わさびバターソース

「ルーラード」は、ロール状に巻いた料理のこと。
ほっこりあなごと、ほくほくポテト、わさびバターソースが絶妙です。
あなごは皮のぬめりが生ぐさいので、きちんと取り除きます。

材料
あなご（ひらき）　1枚
じゃがいも　1/2コ
塩、こしょう　各少々
バター　20g
わさび　小さじ1/4
アンチョビペースト　小さじ1/3
トマトの角切り　小さじ1/2
パセリのみじん切り　小さじ1/3

作り方
1. あなごは皮目を包丁で軽くこすって水洗いし、ぬめりをとる。
2. じゃがいもは皮をむいて1.5cm角の棒状に切り、塩こしょうして電子レンジで柔らかくなるまで加熱する。
3. 2のじゃがいもに1のあなごを巻きつけ、1周したところであなごを切って楊枝でとめる。
4. 3に塩こしょうして、アルミホイルを敷いた天板か耐熱容器にのせ、オーブントースターの強火であなごに火が通るまで5～7分焼く。
5. 4の工程で一緒にソースを作る。小さな耐熱容器にバター、わさび、アンチョビペースト、トマトの角切り、パセリのみじん切りを合わせ、オーブントースターで加熱する。バターがとけたら、盛りつけたあなごとじゃがいもにかける。

*Carpaccio de poulpe
à la sauce nori*

たこのカルパッチョ、海苔ソース

焼き海苔で作るソースが新鮮。海の香りがいっぱいです。
仕上げにパプリカをふりかけても。たこはかたくなるので、焼きすぎに注意します。

材料
ゆでたこ　100ｇ
湯　1/4カップ
コンソメの素　1/3コ
焼き海苔(6.5×7.5cm)　1枚
塩、こしょう　各少々
オリーブ油　大さじ1/2

作り方
1. 鍋に湯とコンソメの素を入れて火にかけ、沸騰したら火を止める。ちぎった焼き海苔を加え、塩こしょうで味をととのえる。
2. ゆでたこは薄くそぎ切りにする。耐熱皿にたこを並べて塩こしょうし、オリーブ油をふりかける。
3. 2をオーブントースターの強火で温める程度に2分焼いて取り出し、1のソースをまわしかける。

たことトマトのガーリック焼き

レストランの一品のようですが、材料を合わせて焼くだけなので、
まったく手間がかかりません。
たこの代わりにえびやいかで作ってもおいしいです。

材料
ゆでたこ　100ｇ
トマトの水煮　3コ
にんにくのすりおろし　小さじ1/2
アンチョビペースト　小さじ1/2
オリーブ油　大さじ1 1/2
レモン汁　小さじ1/2
パプリカパウダー　小さじ1/2
塩、こしょう　各少々

作り方
1. ゆでたこはぶつ切りにする。トマトの水煮は刻む。
2. ボウルに1のたことトマトの水煮、にんにくのすりおろし、アンチョビペースト、オリーブ油、レモン汁、パプリカパウダー、塩、こしょうを合わせる。
3. 耐熱容器に2を入れ、オーブントースターの強火で3〜5分焼く。

Calmars farcis de riz au beurre

ひいかのバターライスファルシ

洋風のいかめしを、下処理が簡単なひいかで作ってみました。
ひいかは春に出回る小さないかです。
詰めものをした料理のことを「ファルシ」といいます。

材料
ひいか　16杯
冷やごはん　80ｇ
塩、こしょう　各少々
カレー粉　小さじ1/3
バター　10ｇ
レーズン　大さじ4
松の実（好みで）　大さじ2

作り方
1. ひいかは胴から足を抜いて軟骨、わた、目、口を取り除き、水洗いして水気をよく拭き取る。
2. ひいかの足は塩こしょうし、アルミホイルを敷いた天板にのせてオーブントースターの強火で1分ほど素焼きする。
3. 冷やごはんに塩、こしょう、カレー粉、バター、レーズン、松の実を合わせ、2のいかの足を混ぜる。
4. ひいかの胴に3を詰め、胴のすそを楊枝でとめる。アルミホイルを敷いた天板か耐熱容器にのせて、オーブントースターの強火で4分ほど焼く。

*Coquilles Saint Jacques grillées
à la chapelure de crevettes*

香ばしい干しえびの香りが食欲をそそります。
ほたてのほかに、白身魚でも試してください。
えびパン粉は、普通のドライパン粉と干しえ
びをミキサーにかけても作れます。

ほたてのえびパン粉焼き

材料
ほたて貝柱（刺身用）　4コ
ドライパン粉（細目）　1カップ
干しえび　大さじ1
塩、こしょう　各少々
オリーブ油　小さじ1
フレンチマスタード　小さじ1

作り方
1. ドライパン粉と細かくみじん切りにした干しえびを混ぜ合わせる。
2. ほたて貝柱はアルミホイルを敷いた天板か耐熱容器にのせ、塩こしょうしてオリーブ油をまぶし、オーブントースターの強火で1分ほど焼く。
3. 2のほたての片面にフレンチマスタードをぬり、1のえびパン粉を貼りつける。
4. オーブントースターの強火で2〜3分、表面に焼き色がつく程度に焼く。

ほたてとしいたけのガーリックバター焼き

ほたての存在感に負けないよう、肉厚のしいたけで作ります。
しいたけを塩水につけるのは、塩味を中まで浸透させるため。
表面に塩をふるよりも、おいしく仕上がります。

材料
ほたて貝柱（刺身用）　4コ
しいたけ　4コ
バター（室温に戻す）　30g
レモン汁　小さじ1
にんにくのすりおろし　小さじ1/4
しょうがのすりおろし　小さじ1/4
塩、こしょう　各少々

作り方
1. ボウルにバター、レモン汁、にんにくのすりおろし、しょうがのすりおろしを合わせ、よく混ぜる。
2. しいたけは軸を取り除き、塩水（分量外・水1カップに対し塩小さじ1/2）にさっと浸し、アルミホイルを敷いた天板か耐熱容器にのせて、オーブントースターの中火で10分焼く。
3. ほたて貝柱を2のしいたけのカサにのせて塩こしょうし、1をのせてオーブントースターの強火で3〜5分焼く。

Mets à la française rissolés
au four grille-pain

オーブントースターで
野菜のおかず

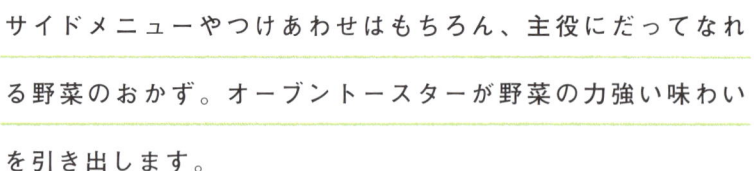

サイドメニューやつけあわせはもちろん、主役にだってなれる野菜のおかず。オーブントースターが野菜の力強い味わいを引き出します。

焼きラタトゥイユ

野菜の水分で煮る普通のラタトゥイユに対し、
このラタトゥイユは焼くことで野菜の水分をとばします。
こうすると野菜それぞれの味が凝縮されておいしくなるんです。

材料
赤パプリカ　1/4コ
黄パプリカ　1/4コ
玉ねぎ　1/6コ
ズッキーニ　1/3本
なす　1/2本
トマト　1/2コ
にんにくのみじん切り　小さじ1/2
アンチョビペースト　小さじ1/3
オリーブ油　大さじ2
タイム　小さじ1/3
ローリエ　1/2枚
塩、こしょう　各少々

作り方
1. 赤・黄パプリカはひと口大に、玉ねぎは1cm幅に切る。ズッキーニとなすは5mm幅の輪切り、トマトは3mm幅の半月切りにする。
2. にんにくのみじん切り、アンチョビペースト、オリーブ油を混ぜ合わせる。
3. 耐熱容器に1のパプリカ、玉ねぎ、ズッキーニ、なすを重ならないように入れ、タイムをふりかけ、ローリエをのせてトマトの半月切りを全体を覆うようにのせる。
4. 塩こしょうして2をかけ、オーブントースターの中火で10～15分ほど焼く。

Ratatouille grillée

ズッキーニの
ファルシ

ちょっとスパイシーな野菜料理です。野菜なのに食べごたえがあって、メインのおかずになります。

材料
ズッキーニ　1本
むきえび　10尾
カレー粉　小さじ1/2
塩、こしょう　各少々
オリーブ油　大さじ1

作り方
1. ズッキーニは縦半分に切り、スプーンで中身をくり抜く。
2. むきえびと1でくり抜いたズッキーニの中身は細かく切って合わせ、さらに包丁でたたき合わせて塩とカレー粉で調味する。
3. 1に塩こしょうして2を詰め、アルミホイルを敷いた天板か耐熱容器にのせてオリーブ油をふりかけ、オーブントースターの中火で10分ほど焼く。

Courgette farcie

ベークドトマトとカリカリベーコンのサラダ

Salade de tomate grillée et lard fumé croustillant

カリカリに焼いたベーコンは、細かくくだいて
トマトにふりかけて食べてもおいしいです。

材料
トマト（小） 1コ
ベーコン 2枚
塩、こしょう 各少々
バジル（フレッシュ） 適量

作り方
1. トマトは2/3くらいまで十字に切れ目を入れ、花びらのように開き、塩こしょうする。
2. アルミホイルを敷いた天板にトマトとベーコンを離してのせ、オーブントースターの低温でトマトが柔らかくなり、ベーコンがカリカリになるまで20分ほど焼く。
3. トマトの切れ目にベーコンを刺して盛りつけ、バジルを添える。

ブロッコリーのコーンクリームソース焼き

Brocoli grillé à la sauce crème de maïs

肉や魚料理のつけ合わせにおすすめ。
アスパラやカリフラワーでも作れます。
コーンクリームソースにはちみつや砂糖をプラスしても。

材料
ブロッコリー　1株
塩、こしょう　各少々
コーンクリーム　大さじ1 1/2
マヨネーズ　大さじ1/2

作り方
1. ブロッコリーは小房に分けて塩ゆでし、耐熱容器に入れて軽く塩こしょうする。
2. コーンクリームにマヨネーズを混ぜ合わせ、1のブロッコリーにかける。
3. オーブントースターの強火で3〜4分焼く。

玉ねぎのポン酢バターソース

Oignons à la sauce ponzu et beurre

玉ねぎの甘みを丸ごと楽しむ料理です。
まろやかな酸味とコクのあるソースも、
玉ねぎの甘みを際立たせます。

材料
玉ねぎ（中）　1コ
ポン酢しょうゆ　大さじ1
バター　14g

作り方
1. 玉ねぎは皮つきのままラップで包み、電子レンジで5〜7分柔らかくなるまで加熱する。
2. ラップをはずしてアルミホイルを敷いた天板か耐熱容器にのせ、オーブントースターの中火でまわりがこんがりするまで3〜5分焼き、6等分に切り込みを入れて花びらのように開く。
3. 小さな耐熱容器にポン酢しょうゆとバターを入れてオーブントースターで加熱し、バターがとけたら2の玉ねぎにかける。

Escabèche de champignons avec la galette de maïs

きのこのエスカベッシュ

「エスカベッシュ」は酢漬けのこと。
きのこの南蛮漬けみたいなものです。
器にしたコーンガレットを割って、一緒に食べてください。
ちょっとしたおもてなし料理にもなります。

材料
しいたけ　2コ
マッシュルーム　2コ
しめじ　1/2パック
まいたけ　1/3パック
塩、こしょう　各少々
パセリのみじん切り　小さじ1
フレンチドレッシング　大さじ2

作り方
1. 軸を取り除いたしいたけ、マッシュルームは4等分に切る。しめじとまいたけはほぐす。
2. 耐熱容器に1のきのこを入れ、オーブントースターの中火で5分素焼きする。
3. 素焼きしたきのこに塩こしょうし、パセリのみじん切りを加えてフレンチドレッシングで和える。

コーンガレット

材料
薄力粉　20g
バター　30g
卵白　1コ分
砂糖　ひとつまみ
塩　少々

作り方
1. ボウルに薄力粉をふるう。バターは電子レンジで10秒ほど加熱し、とかしバターにする。粗熱をとったとかしバター、卵白、砂糖を合わせて薄力粉に混ぜる。
2. オーブンシートに1の生地をスプーンで置き、薄く丸くのばす。
3. 2を天板にのせ、オーブントースターの中火で10〜15分焼き、焼き色がついたら取り出す。
4. 生地が熱いうちにオーブンシートからはがしてふせたティーカップや小さなボウルにかぶせ、そのまま冷ます。生地がかたまったら型からはずす。
5. コーンガレットにきのこのエスカベッシュを盛りつける。

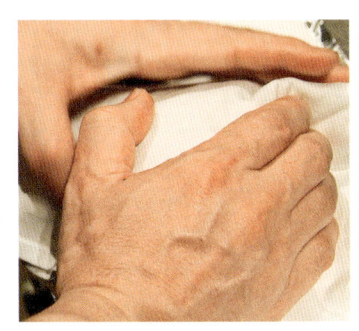

生地をティーカップやボウルにかぶせたら、
キッチンペーパーなどを使って押さえつけて型をつける。

Aubergine grillée à la sauce froide

パンや野菜につけて食べたり、魚料理のつけあわせに。焼いたなすは水にとったりせずに皮をむきます。水にとるとなすが水っぽくなってしまうからです。皮をむかずに、なすを半分に切ってスプーンですくい取ってもかまいません。

焼きなすディップ

材料
なす　4本
塩、こしょう　各少々
にんにくのすりおろし　小さじ1/5
アンチョビペースト　小さじ1/2
ケッパーのみじん切り　小さじ1
オリーブ油　大さじ1
トマトの角切り　適量
パセリのみじん切り　適量

作り方
1. なすはフォークなどで刺して数か所穴をあけ、オーブントースターの強火で真っ黒に焦げるまで焼く。
2. 焼けたなすの皮をむき、粗熱がとれたら細かく刻む。
3. ボウルに2のなす、塩、こしょう、にんにく、アンチョビペースト、ケッパー、オリーブ油を合わせ、よく混ぜる。
4. ココットなどに盛りつけ、トマトを飾って、パセリをちらす。

ドライトマト

トマトの凝縮した味わいを楽しむ料理なので、
水分をできるだけ抜いていきます。
夏の完熟トマトで作って、冷やして食べるのがおすすめ。
生ハムを添えてもいいですね。

材料
トマト（中）　2コ
塩、こしょう　各少々
バジル　小さじ1/3
オリーブ油　大さじ1/2
バジル（フレッシュ）　適量

作り方
1. トマトは湯むきして、塩をふりかけ、40～50分ほど室温において水分を抜く。
2. トマトの水気を拭き取ってアルミホイルを敷いた天板か耐熱容器にのせ、オーブントースターの中火で20分ほど焼く。
3. そのままオーブントースターの中に10分ほどおき、余熱でトマトの水分をとばす。
4. トースターから取り出し、粗熱がとれたら冷蔵庫で冷やす。皿に盛りつけてこしょう、バジル、オリーブ油をふりかけ、バジルの葉を飾る。

Mets à la française rissolés
au four grille-pain

オーブントースターで
ワインのおつまみ

ワインと一緒に、おいしいものをつまみたくなったら、オーブントースターの出番です。「ながら調理」が得意だから、お酒を飲みながらだって、どんどん作れてしまいます。

ホットチーズの
ナッツ焼き

焼いたカマンベールは、そのまま食べるのとは、また違ったおいしさです。ナッツが焼けてきたら、アルミホイルをかぶせてチーズがとろけるように焼き上げます。

材料
カマンベールチーズ　1コ
ミックスナッツ　大さじ3

作り方
1. カマンベールチーズは横半分に切る。
2. ミックスナッツは細かくくだく。
3. カマンベールチーズの切り口にナッツを貼りつけ、アルミホイルを敷いた天板か耐熱容器にのせてオーブントースターの中火で10分焼く。

Fromage chaud grillé aux noix

Tomates cerise grillées au fromage bleu

プチトマトのブルーチーズ焼き

個性的なブルーチーズの味が、
加熱することでまろやかに。
プチトマトの酸味がよく合います。

材料
プチトマト(大) 4コ
ブルーチーズ 40g

作り方
1. プチトマトは上部を横に切り取り、ブルーチーズの角切りをのせる。
2. アルミホイルを敷いた天板か耐熱容器に1と切り取ったトマトの上部をのせ、オーブントースターの強火で5分焼く。切り取った上部をかぶせて盛りつける。

ロールビーフのプチトマト

ひとくちでパクッと食べられるので、
パーティーなどでも大活躍のおつまみ。
牛肉を生ハムに変えてもいいですね。

材料
プチトマト 4コ
牛薄切り肉 4枚
塩、こしょう 各少々
ブルーチーズ 16g
パセリのみじん切り 適量

作り方
1. プチトマトはへたを取り、十字の切り込みを入れて開く。
2. 牛薄切り肉は塩こしょうして、1のプチトマトをくるみ、アルミホイルを敷いた天板か耐熱容器にのせる。
3. ブルーチーズをプチトマトの十字の切り込みの中央にひとかけらのせ、オーブントースターの中火で3分ほど焼く。パセリをちらす。

えびの温製カナッペ

しょうゆが隠し味。ちょっと和風なカナッペは、白ワインと好相性です。

材料
食パン（6枚切り）　1枚
無頭えび　4尾
塩、こしょう　各少々
マヨネーズ　大さじ1
フレンチマスタード　小さじ1/2
しょうゆ　小さじ1/4
レモン汁　少々
ミックスハーブ　少々
ケッパーの粗みじん切り　10粒分

作り方
1. 食パンはトーストし、耳を切り落として4等分する。えびは背わたを取り除いて殻をむき、半分に切って塩こしょうする。
2. マヨネーズにフレンチマスタード、しょうゆ、レモン汁、ミックスハーブ、ケッパーを混ぜる。
3. えびをアルミホイルを敷いた天板か耐熱容器に並べ、2をかけてオーブントースターの中火でえびに火が通るまで5〜7分焼く。
4. 3をトーストの上に盛りつける。

オイルサーディンの温製ポテトカナッペ

材料
じゃがいも　1/2コ
塩、こしょう　各少々
オイルサーディン　2尾
トマトソース　小さじ2
とけるチーズ　1枚

Canapés aux crevettes et sardines à l'huile grillées

パンやクラッカーで作るのが定番のカナッペですが、輪切りのじゃがいもで作ってみました。オイルサーディンとよく合います。

作り方
1. じゃがいもは皮をむいて3mm厚さの輪切りにし、電子レンジで柔らかくなるまで加熱する。
2. じゃがいもに塩こしょうし、オイルサーディンをのせてトマトソースをぬり、とけるチーズをのせる。
3. アルミホイルを敷いた天板か耐熱容器にのせ、オーブントースターの中火で7分焼く。

いわしの温製カナッペ

いわしとトーストは意外によく合う組み合わせ。
新鮮ないわしで作ってください。
トマトの輪切りをのせて焼いても。

Canapé grillé aux sardines

材料
いわし　1尾
食パン（6枚切り）　1枚
バター　7g
アンチョビペースト　小さじ1/3
フレンチマスタード　小さじ1/2
塩、こしょう　各少々
マヨネーズ　大さじ2
パセリのみじん切り　適量

作り方
1. いわしは三枚におろす。
2. 食パンはトーストして、バター、アンチョビペースト、フレンチマスタードをぬる。
3. 1のいわしに塩こしょうし、皮目を上にしてトーストにのせる。マヨネーズをぬり、オーブントースターの強火で5分ほど焼く。4等分に切って盛りつけ、パセリをちらす。

Crevettes grillés sous la chapelure avec beurre

えびのバターパン粉焼き

焼いて作る「えびフライ」です。バターパン粉があれば、
フライ風の料理がオーブントースターで作れます。
ほたて、白身魚、さけなどの魚介はもちろん、一度素焼きした豚肉でも。
バターパン粉をシート状にして冷凍しておくと便利です。

材料
むきえび　10尾
ほうれん草　1/2束
塩、こしょう　各少々
〈バターパン粉〉
バター（室温に戻す）　20g
ドライパン粉（細目）　大さじ2
パセリのみじん切り（水気を絞る）
　　　　　　　　　　大さじ1/2
にんにくのみじん切り　小さじ1/2
アンチョビペースト　小さじ1/2
粒マスタード　小さじ1

作り方
1. ボウルにバターパン粉の材料を合わせ、もむようにしてよく混ぜる。ラップに薄く広げて包み、冷凍庫で4〜5分冷やしかためる。
2. 耐熱容器に塩ゆでして水気を絞ったほうれん草を敷き、むきえびを並べる。塩こしょうして、全体を覆うように1をのせる。
3. オーブントースターの強火で7分焼き、アルミホイルをかぶせてさらに3分ほど焼く。

Prune enroulée dans le lard

プラムのベーコン巻き

甘いプラムと、ベーコンのコクのある塩気の組み合わせは、
辛口の白ワインやシャンパンによく合います。
ベーコンを生ハムに変えてもおいしいです。

材料
プラム（ドライ）　6コ
白ワイン　大さじ1
ベーコン　3枚
ローズマリー（好みで）　1枝

作り方
1. プラムは小さなカップなどで白ワインにつけ、ラップをして電子レンジで1〜2分加熱し、粗熱をとる。
2. ベーコン1枚でプラム2コを巻き、アルミホイルを敷いた天板か耐熱容器に並べ、オーブントースターの中火で7分焼く。半分に切って盛りつけ、ローズマリーを飾る。

Bardane grillée croustillante

ごぼうのカリカリ焼き

オーブントースターでゆっくりと野菜の水分を抜いて作る野菜のチップスです。キャベツでも作れます。時間は様子を見ながら調節してください。

材料
ごぼう 2/3本
チキンブイヨンの素 1コ
水 1カップ
オリーブ油 小さじ1
タイム ひとつまみ
ローリエ 1/2枚
唐辛子 1/4本
にんにく 1/3かけ
塩、こしょう 各少々

作り方
1. ごぼうは10cm長さに切り、縦に薄くスライスする。
2. 深めの耐熱容器にくだいたチキンブイヨンの素、水、オリーブ油、タイム、ローリエ、唐辛子、にんにく、塩、こしょうを合わせ、1のごぼうを入れて電子レンジで4分ほど加熱する。
3. 2のごぼうの水気をよく拭き取ってアルミホイルを敷いた天板に並べ、オーブントースターの弱火でカリカリになるまで20分ほど焼く。

*Mets à la française rissolés
au four grille-pain*

オーブントースターで
休日のブランチ

ちょっと遅く起きた休日は、こんがり焼けたパイやキッシュの香りがよく似合います。紅茶やコーヒーをいれて、ゆったりとした時間を過ごしましょう。

キッシュ

キッシュといえば、パイ生地やタルト生地を土台に使いますが、
ここでは省略。その代わりに、パンで食べごたえをプラスしました。
深い器だと火が入りづらいので、浅い器を使って焼き上げてください。

材料
玉ねぎ　1/4コ
食パン（6枚切り）　1枚
牛乳　1/4カップ
生クリーム　1/4カップ
卵　1コ
塩、こしょう　各少々
ナツメグ　小さじ1/4
バター　14g
ベーコン　1枚
とけるチーズ（ちぎる）　2枚

作り方
1. 玉ねぎは薄切りにして、バター7gを熱したフライパンでしんなり茶色くなるまで炒め、取り出して粗熱をとる。食パンは1センチ角に切る。
2. ボウルに牛乳、生クリーム、卵、1の玉ねぎと食パンを合わせ、塩、こしょう、ナツメグで味をととのえる。
3. 浅い耐熱容器に残りのバター7gをぬり、2を流し入れ、表面に1cm幅に切ったベーコンととけるチーズをちらす。
4. オーブントースターの中火で10〜15分ほど焼く。

Quiche à la pâte faite du pain

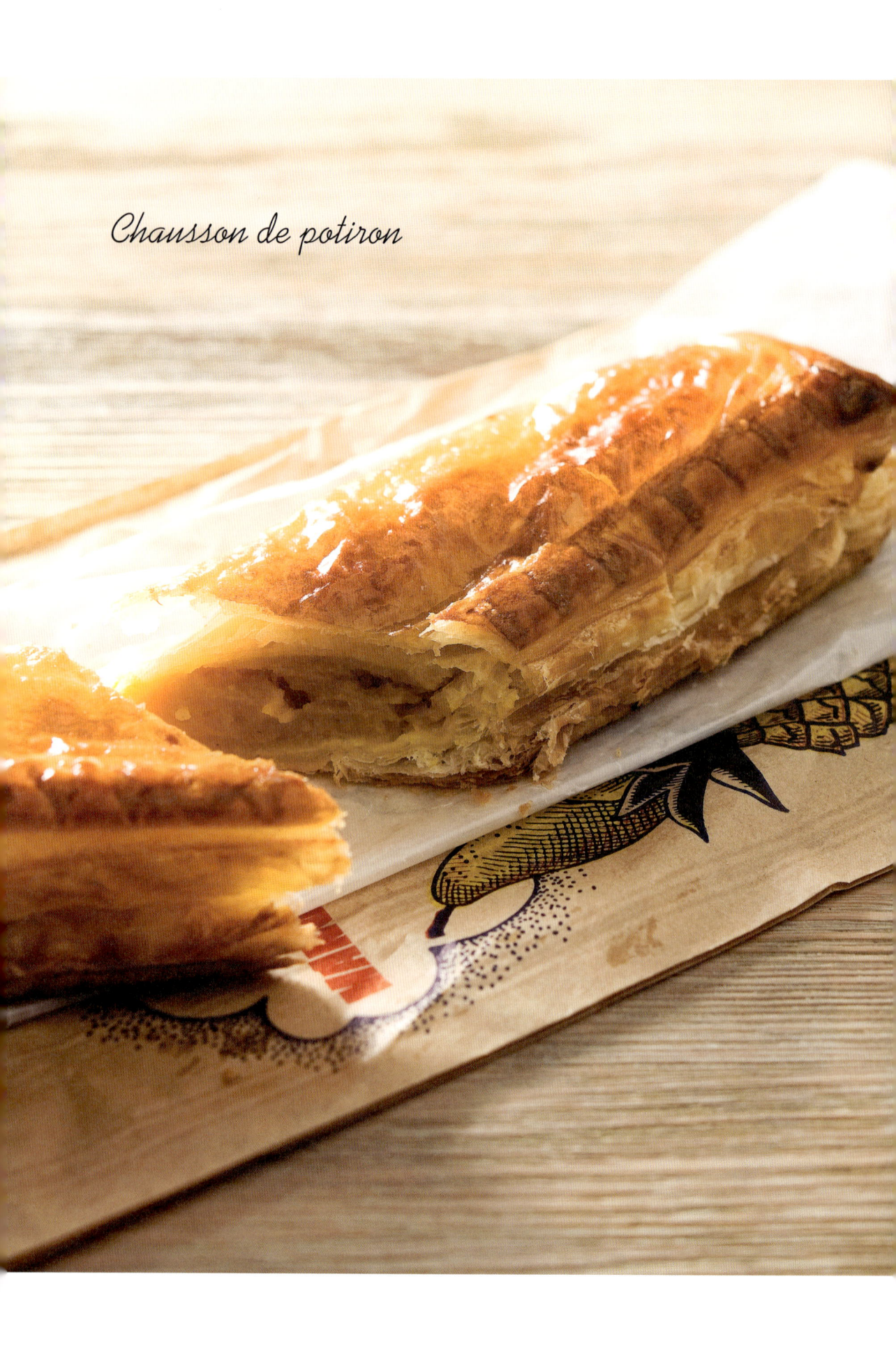

Chausson de potiron

かぼちゃのショソン

さっくりパイの中から甘いかぼちゃペーストが飛び出します。
かぼちゃの中に栗の甘露煮を入れるといっそう秋らしいパイに。
栗はくだいて入れても、丸のままでも。

材料
かぼちゃ　1/6コ
バター　7g
はちみつ　小さじ1
しょうがの絞り汁　小さじ1
塩、こしょう　各少々
パイ生地（冷凍・20×12cm）　1枚
溶き卵　1コ分

作り方
1. かぼちゃは柔らかくなるまで電子レンジで加熱し、皮を取り除く。
2. ボウルに1、バター、はちみつ、しょうがの絞り汁、塩、こしょうを入れ、かぼちゃをフォークでつぶしながら混ぜ合わせる。
3. パイ生地は解凍する。
4. パイ生地を横長に置き、手前1/3のところに2のペーストをこんもりとのせる。生地の縁に溶き卵をぬり、パイ生地を折りたたみ、かぶせる。周りを押さえつけて密着させる。
5. アルミホイルを敷いた天板にのせてパイ生地の表面に溶き卵をぬり、5分ほど予熱したオーブントースターの強火で5～7分焼く。こんがりしたらスイッチを切り、オーブントースターに入れたまま2～3分おき、余熱で生地の水分をとばす。半分に切って盛りつける。

―― パイ生地を使うレシピは ――
（74ページから79ページまで共通のポイントです）
＊オーブントースターを5分ほど予熱してから使います。パイ生地を入れてから加熱すると生地の中のバターがゆっくりとけ出し、仕上がりがサクッとしません。
＊焼いてすぐにトースターから出すと急激に冷えて、せっかく膨らんだ生地が縮んでしまいます。しばらくして取り出せば、ふっくらしたままです。また、余熱で生地の水分がとぶので、生地がサクサクに仕上がります。

Pâté en croûte

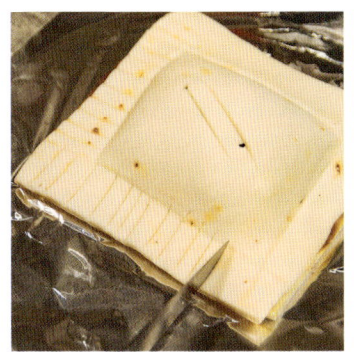

ミートパイ

ミートソースを多めに作った翌日のブランチにぜひ。
このミートソースにデミグラスソース大さじ2を加えると、
よりしっとりしたソースになります。
トマトの角切りを入れるタイミングで一緒に加えます。

材料
牛ひき肉　100g
サラダ油　大さじ1
塩、こしょう　各少々
にんにくのみじん切り　小さじ1/4
にんじんのみじん切り　大さじ1
玉ねぎのみじん切り　大さじ2
セロリのみじん切り　大さじ1/2
タイム　小さじ1/4
ローリエ　1/2枚
赤ワイン　大さじ2
トマトの角切り　1/2コ分
パイ生地（冷凍・20×12cm）　2枚
溶き卵　1コ分

作り方
1. フライパンにサラダ油大さじ1/2を熱して牛ひき肉を炒め、塩こしょうして取り出す。
2. 1のフライパンにサラダ油大さじ1/2を熱してにんにくを炒め、香りが立ったらにんじん、玉ねぎ、セロリ、タイム、ローリエを順に入れて炒め合わせる。
3. 野菜がしんなりしたら1のひき肉を戻し入れ、赤ワインを注ぎ、水分がなくなるまで煮詰める。
4. トマトの角切りを加えて数分煮込み、塩こしょうで味をととのえる。
5. パイ生地は解凍し、横半分に切る。
6. パイ生地の中央に4のミートソースをこんもりとのせ、生地の縁に溶き卵をぬり、パイ生地を上からかぶせる。周りを押さえつけて密着させ、包丁で模様をつける。これを2つ作る。
7. アルミホイルを敷いた天板にのせてパイ生地の表面に溶き卵をぬり、5分ほど予熱したオーブントースターの強火で5〜7分焼く。こんがりしたらスイッチを切り、オーブントースターに入れたまま2〜3分おき、余熱で生地の水分をとばす。

Croissant

クロワッサン

市販のパイ生地で、クロワッサンが作れてしまいます。
ちょっと小ぶりですが、サックサクに焼き上がります。

材料
パイ生地（冷凍・20×12cm）　1枚
溶き卵　1/2コ分

作り方
1. パイ生地は解凍し、4つの三角形に切り分ける。
2. 底辺から一方の角に向かって巻き、ブーメラン状に曲げて成形する。
3. アルミホイルを敷いた天板に並べて表面に溶き卵をぬり、5分ほど予熱したオーブントースターの強火で5分ほど焼く。生地がふくらんでこんがりしたらスイッチを切り、オーブントースターに入れたまま2〜3分おき、余熱で生地の水分をとばす。

ソーセージパイ

ソーセージは粗びきやハーブ入りなど、お好みのものを。
ピリ辛のチョリソーなんかもおもしろいですね。

材料
パイ生地（冷凍・20×12cm）　1枚
ソーセージ　4本
溶き卵　1/2コ分

作り方
1. パイ生地は解凍し、4つの三角形に切り分ける。
2. 底辺と平行に、中央にソーセージをのせて、底辺から一方の角に向かって巻いていく。
3. アルミホイルを敷いた天板に並べて生地の表面に溶き卵をぬり、5分ほど予熱したオーブントースターの中火で10分ほど焼く。生地がふくらんでこんがりしたらスイッチを切り、オーブントースターに入れたまま2〜3分おき、余熱で生地の水分をとばす。

Pain perdu

フレンチトースト

メープルシロップやはちみつをかけて食べると、さらにおいしい。
はちみつをかける場合は、砂糖の分量を半分に。
ミルクと卵のつけ汁を、パンにすべて吸わせてから焼きます。

材料
バゲット　1/3本
牛乳　大さじ2 2/3
生クリーム　1/2カップ
卵　1コ
砂糖　大さじ2 1/2
シナモンパウダー　小さじ1/3
バター　10g

作り方
1. バゲットは3cm厚さに切る。
2. バットに牛乳、生クリーム、卵、砂糖、シナモンパウダーを合わせ、1のバゲットをひたす。10分たったら裏返し、さらに10分ひたす。
3. 耐熱皿にバター（分量外）をぬって2のバゲットをのせ、上にバターをのせてオーブントースターの中火で、こんがりするまで10〜15分焼く。

Risotto grillé

焼きリゾット

こんがり香ばしいリゾットで、ちょっとドリア風。
お湯の代わりにウーロン茶を使えば、さらに香り豊かなリゾットになります。

材料
冷やごはん　120ｇ
コンソメの素　1/2コ
湯　3/4カップ
バター　7ｇ
ミックスハーブ　小さじ1
塩、こしょう　各少々
トマトの輪切り　2枚
とけるチーズ　大さじ4

作り方
1. コンソメの素を湯で溶き、バター、ミックスハーブ、塩、こしょうを混ぜ合わせる。
2. 深めの耐熱容器２つに冷やごはんを半量ずつ入れ、1をごはんにかける。
3. トマトの輪切りととけるチーズをのせ、オーブントースターの強火で10～12分ほど焼く。

*Soupe gratinée
à l'oignon et au bœuf*

ビーフオニオングラタンスープ

田舎風の食べるオニオンスープです。
コンソメ作りでだしをとるすね肉を、小さく切って具として食べてしまいます。
これにサラダがあれば、立派なブランチです。

材料
牛すね肉　50ｇ
玉ねぎ　1/4コ
バター　25ｇ
コンソメの素　1コ
水　1 1/2カップ
塩、こしょう　各少々
バゲットの薄切り　2切れ
とけるチーズ　2枚
パセリのみじん切り　適量

作り方
1. 牛すね肉は小さなこま切れにする。
2. 玉ねぎは薄切りにし、バターを熱したフライパンで茶色くなるまでじっくりと中火で炒める。
3. 2のフライパンに1の牛すね肉、コンソメの素、水を加え、沸騰したらアクを取り、塩こしょうで味をととのえる。
4. 3をココットなど深めの耐熱容器に移し、トーストしたバゲットを浮かべ、とけるチーズをのせる。
5. オーブントースターの強火で3分ほど焼き、パセリをちらす。

Mets à la française rissolés
au four grille-pain

オーブントースターで
フレンチデザート

レストランで食べるような素敵なデザートが、トースターならお手軽に作れてしまいます。こんなデザートが自分で作れたら、きっと誰かに食べさせたくなってしまいますよ。

りんごのテリーヌ、モザイク仕立て

りんごは酸味のある紅玉が最適。
甘酸っぱいおいしいテリーヌになります。
果肉がしっかりしているふじもおすすめです。

材料
りんご　2コ
グラニュー糖　大さじ3
レモン汁　小さじ3
バター　20g
シナモンパウダー　小さじ1/2
バニラアイスクリーム　適宜

作り方
1. りんごは皮をむき、8等分に切り分け、芯を取り除く。
2. 1のりんごをアルミホイルを敷いた天板か耐熱容器に並べ、グラニュー糖、レモン汁、バター、シナモンパウダーをふりかけ、オーブントースターの強火で15〜20分ほど焼く。
3. ティーカップや小さなボウルにラップを敷き、2のりんごを重ねて詰めていく。粗熱をとって冷蔵庫で冷やしかためる。
4. 型から取り出し、切り分ける。お好みでアイスクリームを添える。

*Terrine de pomme
faite en mosaïque*

*Tarte au fromage
à la saveur citron*

レモンチーズケーキ

表面に焦げ色がついて、膨らんできたらできあがりです。
コーンスターチを入れると生地がふんわりなめらかに、
入れないと素朴な仕上がりに。どちらがいいかはお好みです。

材料
クリームチーズ　80g
レモンの皮のすりおろし　ひとつまみ
生クリーム　大さじ1 1/3
卵　1コ
グラニュー糖　10g
薄力粉　10g
コーンスターチ（なくても可）　小さじ1/3
バニラエッセンス　2〜3滴

作り方
1. ボウルに室温に戻したクリームチーズ、レモンの皮の すりおろしを混ぜ合わせ、湯せんする。柔らかくなっ たら生クリームを加える。
2. 別のボウルに卵とグラニュー糖を入れ、湯せんしなが ら泡立て器で混ぜ合わせる。なめらかになったら、ふ るった薄力粉、コーンスターチを合わせ、1を加えて 混ぜる。香りづけのバニラエッセンスを加える。
3. 2を耐熱のアルミカップやココットに詰め、オーブン トースターの中火で10〜12分ほど焼く。

Glace aux fraises gratinées

フルーツグラタン

フルーツは焼くことで、水分が蒸発して、甘みと酸味が強くなります。
焼き上げた後に、お好みでヨーグルトをちりばめても。

材料
りんご　1/2コ
バナナ　1/2本
レーズン　12粒
ブルーベリー　12コ
フランボワーズ　8コ
レモン汁　大さじ2
はちみつ　大さじ3
ミント　適量

作り方
1. りんごは皮をむいて3mm厚さのいちょう切り、バナナは5mm厚さの輪切りにする。
2. ボウルにりんご、バナナ、レーズン、ブルーベリー、フランボワーズを合わせ、レモン汁とはちみつを加えて全体にからめる。
3. 2を耐熱容器に入れ、オーブントースターの強火で10〜15分焼く。ミントをちらす。

アイスクリームといちごのグラタン

アイスクリームは乳脂肪分が高いものを。焦げ目がつきやすく、味にコクがでます。
いうまでもありませんが、焼き上がりをすぐに食べてください。

材料
バニラアイスクリーム　2カップ
ミニカステラ　2切れ
いちご　8コ
（ラズベリー、ブルーベリーでも）

作り方
1. アイスクリームは半量を解凍してとかし、アイスクリームソースを作る。
2. 耐熱容器の中央にミニカステラを敷き、上にアイスクリームを盛りつける。周りに半分に切ったいちごをちらし、1のアイスクリームソースを全体にかける。
3. オーブントースターの強火で焦げ目がつく程度に2〜3分焼く。

Pudding grillé

新鮮なミルクと卵で作りたい素朴なプリンです。
牛乳にインスタントコーヒーを混ぜて作れば、
焼きコーヒープリンに。

焼きプリン

材料
牛乳　125cc
砂糖　25g
バニラスティック　1/4本
（バニラエッセンスを使う場合は2〜3滴）
卵　1コ
バター　適量

作り方
1. バニラスティックは切り開いて種子を取り出し、スティックと種子に分ける。
2. 鍋はたんぱく質が焦げるのを防ぐため、一度内側を水でぬらす。この鍋に牛乳、砂糖、バニラスティック、バニラの種子を入れ、沸騰直前までときどき混ぜながら沸す。火を止めて粗熱をとる。
3. ボウルに卵を入れて溶きほぐし、2を少しずつ加えて混ぜる。バニラスティックでなく、バニラエッセンスを使う場合は、ここで加える。
4. 3の生地を10〜15分ねかせ、浮いた気泡をキッチンペーパーなどで取り除く。
5. プリン型の内側にバターをぬり、4の生地を流し入れる。
6. バットにキッチンペーパーを敷いて5を並べ、プリン型の半分くらいの高さまでバットに湯を注ぐ。
7. バットごとオーブントースターに入れ、中火で12〜15分蒸し焼きにする。カップを取り出し、粗熱がとれたら冷蔵庫で冷やす。

焼きバナナ

レモン汁と一緒に香りづけのラム酒をふりかければ、大人のデザートに。
バナナ1本に対してラム酒は小さじ1/2が目安です。

材料
バナナ　1本
粉黒糖　適量
レモン汁　小さじ1/2
バニラアイスクリーム　適宜

作り方
1. バナナは皮つきのまま斜め半分に切り、切り口に粉黒糖を押しつける。
2. アルミホイルを敷いた天板か耐熱容器にのせ、オーブントースターの強火で10〜15分ほど、皮が黒く焦げ、切り口につけた黒糖がとけてカラメル状になるまで焼く。
3. オーブントースターから取り出し、レモン汁をふりかける。皿に盛りつけ、お好みでアイスクリームを添える。

Biscuit au chocolat chaud

ホットチョコクッキー

できたてもいいのですが、冷やして食べてもおいしいです。
チョコはカカオ含有率ができるだけ高いものを。
チョコの苦みが、甘いマシュマロとよく合います。

材料
チョコレート(板チョコ)　20g
ミックスドライフルーツ　大さじ2
ピスタチオ　4コ
バター　10g
マシュマロ　2コ
クッキー(プレーン)　4枚

作り方
1. チョコレートは薄く削る。ミックスドライフルーツとピスタチオは粗みじん切りにする。バターは5mmの角切りにする。マシュマロは5mm厚さの輪切りにする。
2. クッキーにチョコレート、ミックスドライフルーツ、ピスタチオ、バター1かけ、マシュマロの順にのせる。
3. アルミホイルを敷いた天板か耐熱容器に並べ、オーブントースターの中火で3分焼く。

ラング・ド・シャ

「猫の舌」という意味のフランスの伝統的なお菓子。
焼き上がりが猫の舌のようにざらざらしているので、
こう呼ばれています。

材料
薄力粉　35g
バター　30g
グラニュー糖　30g
卵白　1コ分

作り方
1. 薄力粉はふるっておく。バターは電子レンジで10秒ほど加熱し、とかしバターにする。粗熱をとったとかしバター、グラニュー糖、卵白、薄力粉の順に混ぜ合わせ、なめらかな状態になるまで練る。
2. オーブンシートに1の生地をスプーンで置き、丸く薄くのばす。
3. 2を天板にのせてオーブントースターの中火で5〜7分焼き、焼き色がついたら取り出す。
4. 熱いうちにめん棒などを芯にオーブンシートごと生地を丸く折りたたむ。

森田幸二

フレンチレストラン「シャポン・ファン」オーナーシェフ。兵庫県生まれ。25歳で和歌山富士ホテルの料理長に就任。1986年に渡仏し、「オベルガード」「トックブランシュ」にて修業。94年にはフランス・リヨン代表として参加した「アルパージョン料理コンクール」で入賞する。帰国後「鳥居坂ガーデン」「ソワサントロワ」などの料理長を経て、2001年、料理人25周年を機に「シャポン・ファン」をオープン。フランス料理の偉大なシェフに与えられる「ディシプル・ド・オーギュスト・エスコフィエ」の称号を持つ。著書に『フライパンでつくるビストロ・フレンチ』『15分でつくるフランスのおそうざい』『フランスから届いたワインのおつまみ』がある。

フレンチレストラン シャポン・ファン
au chapon fin
東京都渋谷区鉢山町1-7　TEL 03-5489-0517
ランチ　　12:00～L.O.14:30
ディナー　18:00～L.O.21:30
定休日　月曜日　　http://my.reset.jp/~chaponfin/
料理教室も定期的に開催しています。

スタッフ

ブックデザイン　田中彩里
撮影　小野岳也
スタイリング　檀野真理子

＊この本では、三洋電機のオーブントースター SK-WA21を使用しています。

オーブントースターでこんがりフレンチ

2009年2月5日　第1刷

著　　者	森田幸二（もりた こうじ）
発行者	小澤源太郎
責任編集	株式会社 プライム涌光 電話　編集部　03(3203)2850
発行所	株式会社 青春出版社 東京都新宿区若松町12番1号 〒162-0056 振替番号　00190-7-98602 電話　営業部　03(3207)1916

印刷　共同印刷　　製本　大口製本

万一、落丁、乱丁がありました節は、お取りかえします。
ISBN978-4-413-10900-0 C2077
Ⓒ Koji Morita 2009 Printed in Japan

本書の内容の一部あるいは全部を無断で複写(コピー)することは著作権法上認められている場合を除き、禁じられています。